Piano / Vocal / Guitar

Avril Lavigne . Let Go

ISBN 0-634-05183-0

HAL•LEONARD®
CORPORATION

7777 W. BLUEMOUND RD. P.O. BOX 13819 MILWAUKEE, WI 53213

In Australia Contact:
Hal Leonard Australia Pty. Ltd.
22 Taunton Drive P.O. Box 5130
Cheltenham East, 3192 Victoria, Australia
Email: ausadmin@halleonard.com

Visit Hal Leonard Online at
www.halleonard.com

Avril Lavigne . Let Go

LOSING GRIP

Words and Music by AVRIL LAVIGNE
and CLIF MAGNESS

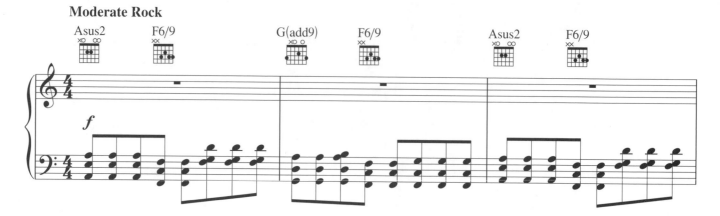

Are you a-ware of what___ you make___ me feel___

___ ba - by? Right now I feel in-vis-i-ble___ to you.___

Original key: Ab minor. This edition has been transposed up one-half step to be more playable.

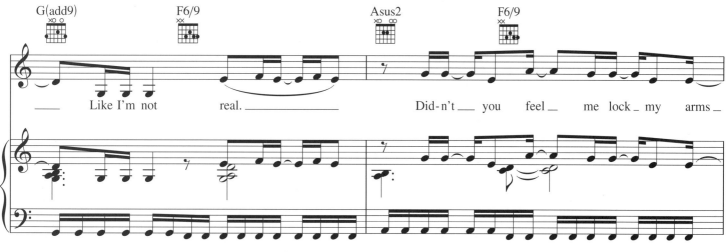

Like I'm not real. Did-n't you feel me lock my arms

a-round you? Why'd you turn a-way? Here's what I have to say.

I was left to cry there. Wait-in' out-side there, grin-nin' with a

lost stare. That's when I de-cid-ed, why should I care? 'Cause

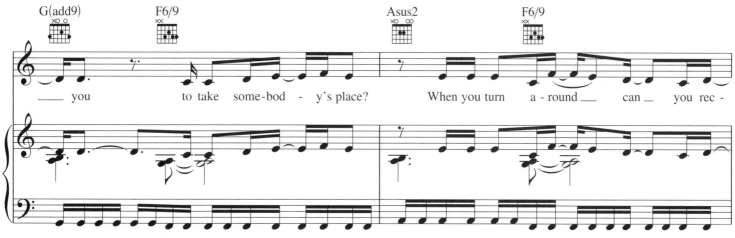

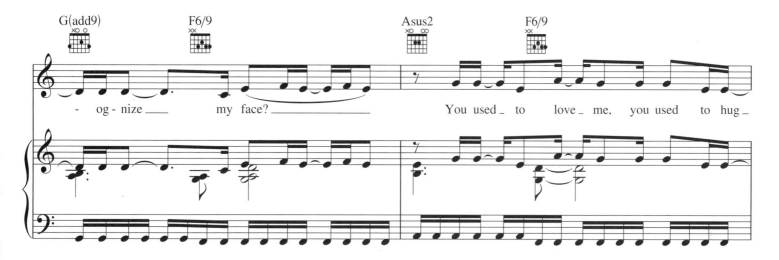

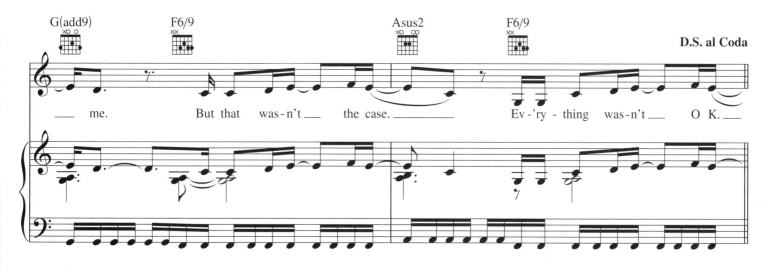

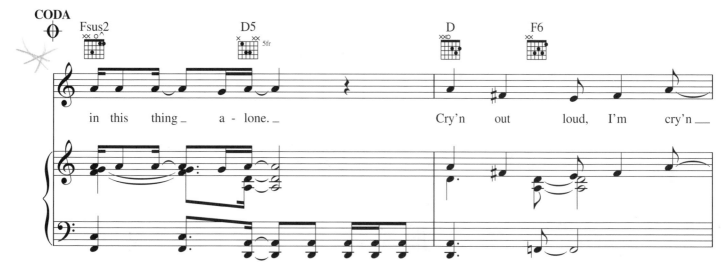

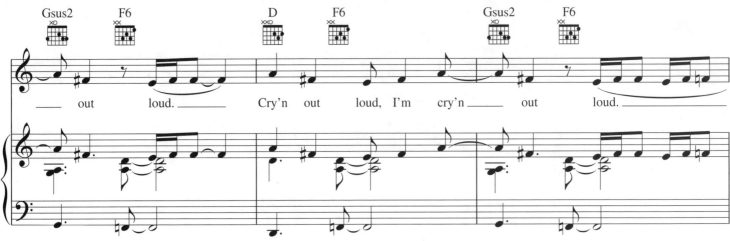

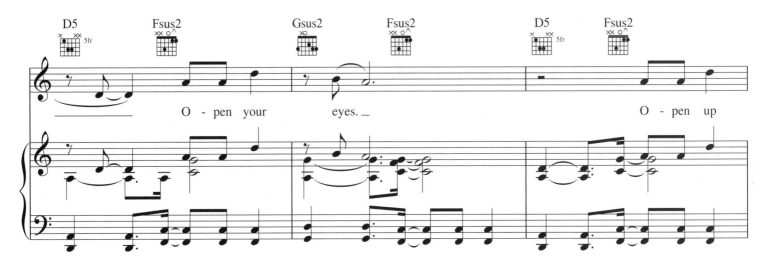

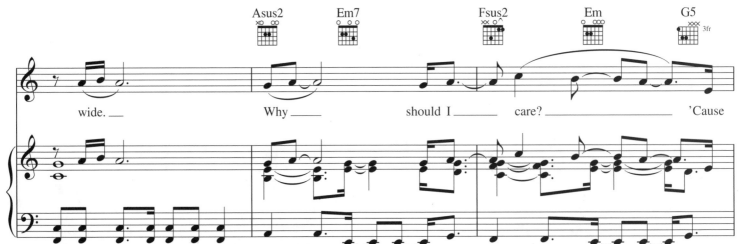

care? 'Cause you weren't there ___ when I ___ was scared. ___

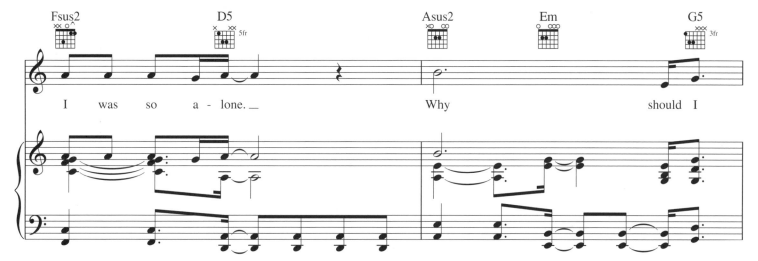

I was so a - lone. ___ Why should I

care? If you don't care, ___ then I ___ don't care. We're not

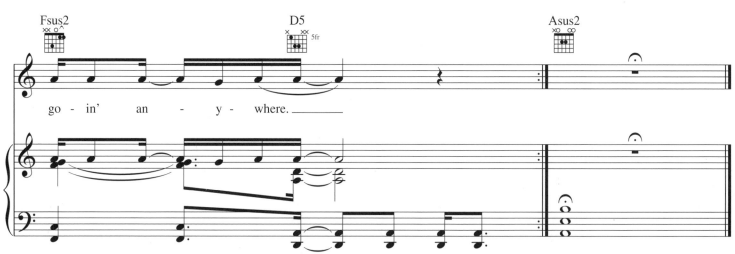

go - in' an - y - where. _____

COMPLICATED

Words and Music by AVRIL LAVIGNE, LAUREN CHRISTY,
SCOTT SPOCK and GRAHAM EDWARDS

Moderate Pop

Uh huh,   life's like this.

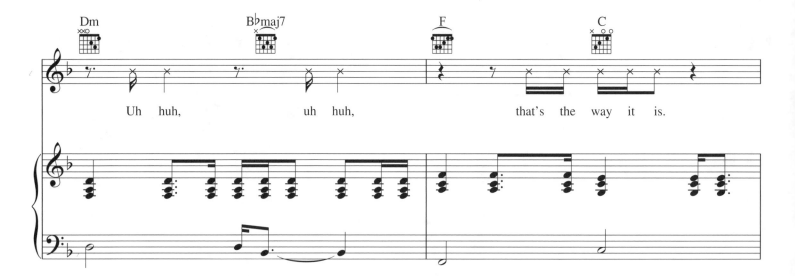

Uh huh,   uh huh,   that's the way it is.

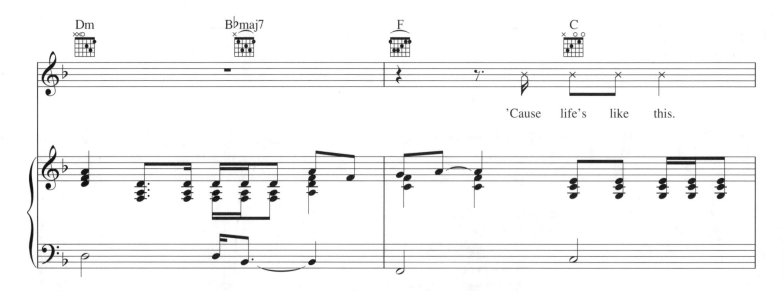

'Cause life's like this.

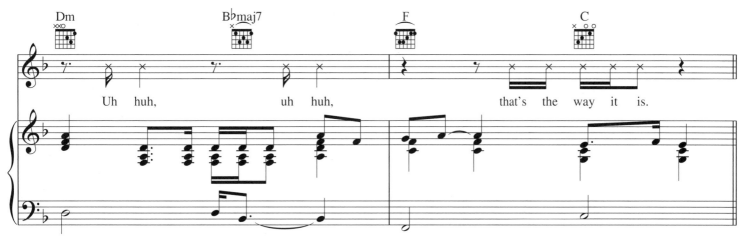

Uh huh, uh huh, that's the way it is.

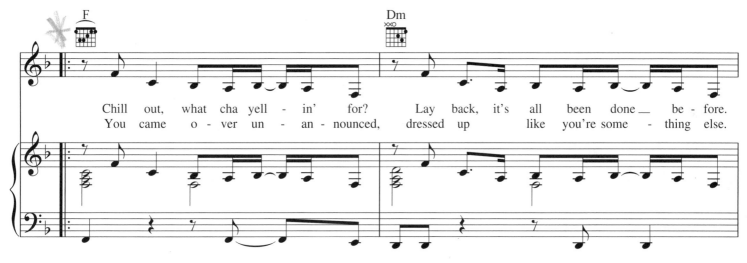

Chill out, what cha yell - in' for? Lay back, it's all been done __ be - fore.
You came o - ver un - an - nounced, dressed up like you're some - thing else.

And if you could on - ly __ let it be __ you will see. __
Where you are ain't where __ it's __ at, you see. __ You're mak - in' me __

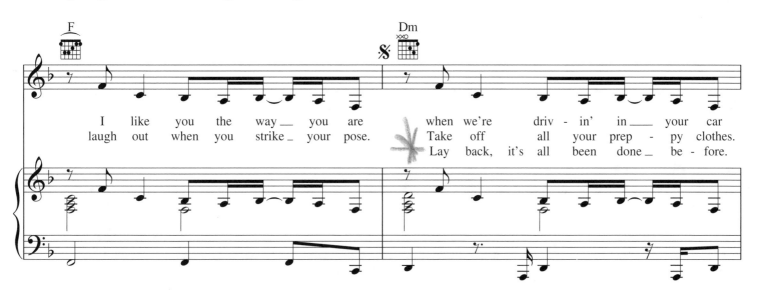

I like you the way __ you are when we're driv - in' in __ your car
laugh out when you strike __ your pose. Take off all your prep - py clothes.
Lay back, it's all been done __ be - fore.

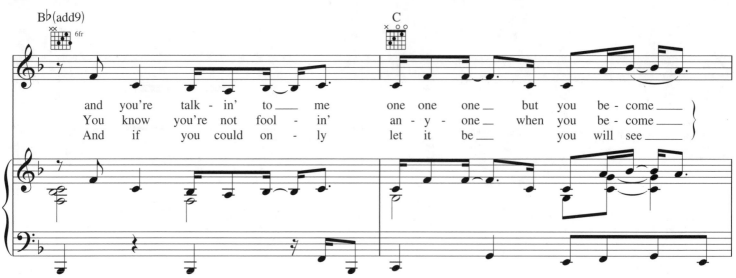

and you're talk - in' to ___ me   one one one ___ but you be - come ___
You know you're not fool - in'   an - y - one ___ when you be - come ___
And if you could on - ly   let it be ___   you will see ___

some - bod - y else 'round ev - 'ry - one else. You're watch - ing your back like you can't re - lax. ___ You're

To Coda

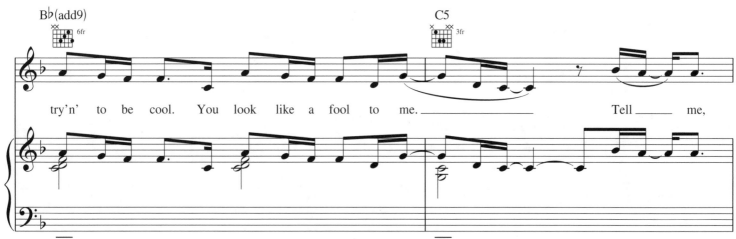

try'n' to be cool.   You look like a fool to me. _____   Tell ___ me,

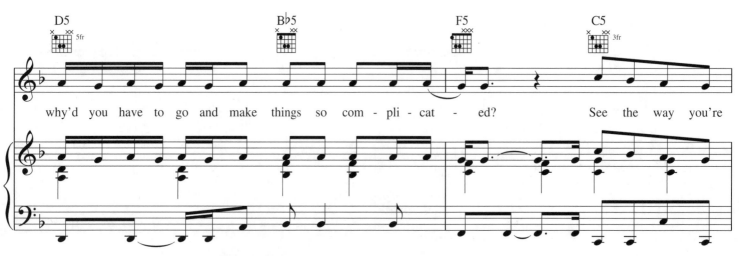

why'd you have to go and make things so com - pli - cat - ed?   See the way you're

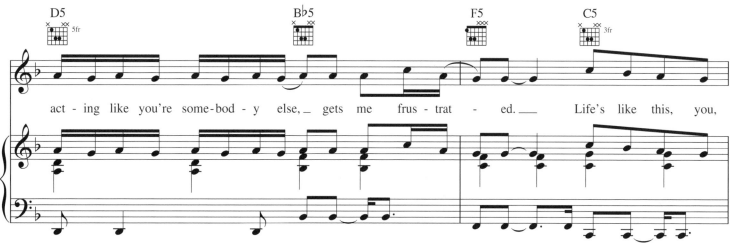

act - ing like you're some-bod - y else,__ gets me frus - trat - ed.__ Life's like this, you,

you fall __ and you crawl __ and you break __ and you take __ what you get __ and you turn __ it in - to

hon - es - ty and prom - ise me I'm nev - er gon - na find you fake __ it, ____ no, no,

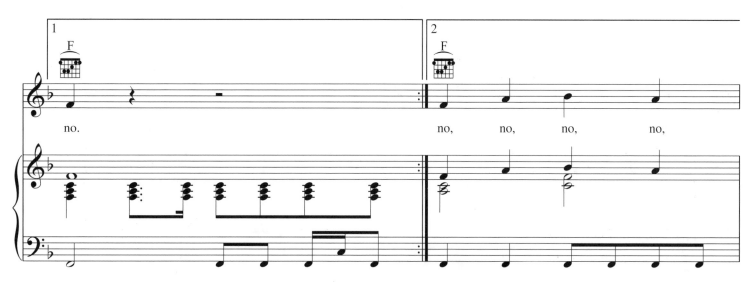

no.

no, no, no, no,

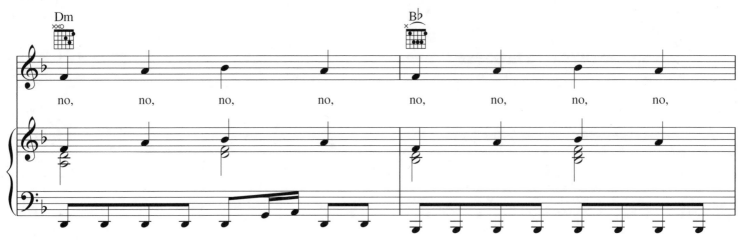

no, no, no, no, no, no, no, no,

D.S. al Coda

no, no, no, no. Chill out, what cha yell - in' for?

CODA

N.C.

try'n' to be cool. You look like a fool to me. _____ Tell me _____

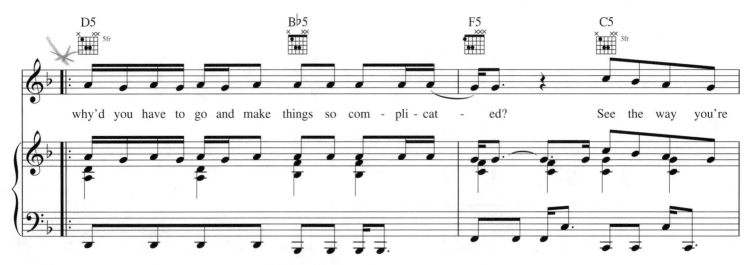

why'd you have to go and make things so com - pli - cat - ed? See the way you're

act-ing like you're some-bod-y else,_ gets me frus-trat - ed._ Life's like this, you,

you fall_ and you crawl_ and you break_ and you take_ what you get_ and you turn_ it in - to

hon-es-ty. Prom-ise me I'm nev-er gon-na find you fake_ it,_ no, no,

_ it,_____ no, no,_____ no.

SK8ER BOI

Words and Music by AVRIL LAVIGNE, LAUREN CHRISTY,
SCOTT SPOCK and GRAHAM EDWARDS

Lively Rock

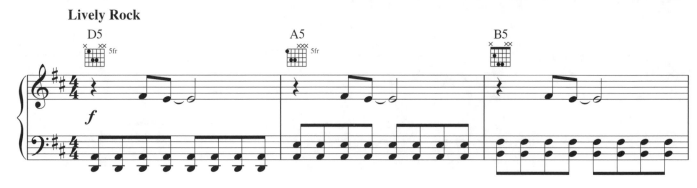

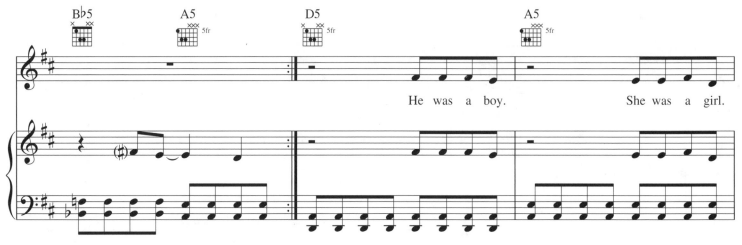

He was a boy. She was a girl.

Can I make it an — y more ob — vi — ous? He was a punk.

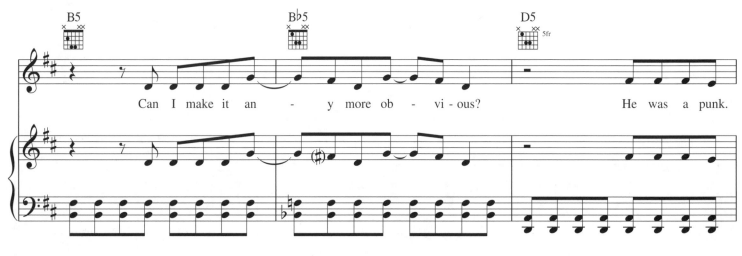

She did bal — let. What more ___ can I ___ say?

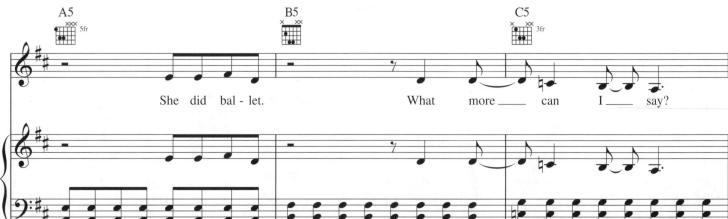

He want-ed her. She'd nev-er tell. Se-cret-ly she_

_ want-ed him_ as well. But all of her friends stuck up their nose

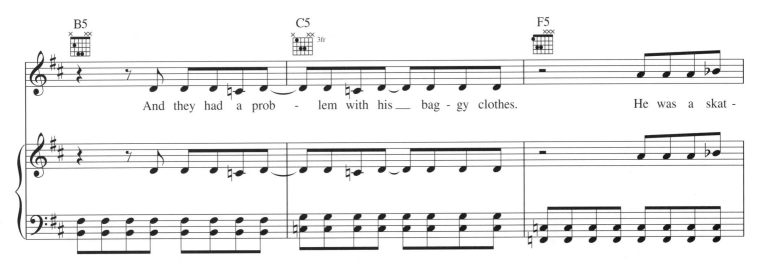

And they had a prob-lem with his_ bag-gy clothes. He was a skat-

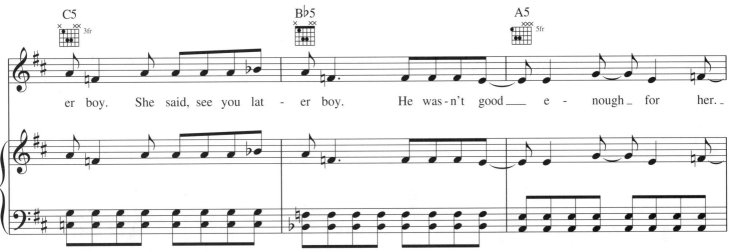

er boy. She said, see you lat-er boy. He was-n't good_ e-nough_ for her._

She had a pret-ty face but her head was up in space. She need-ed to come

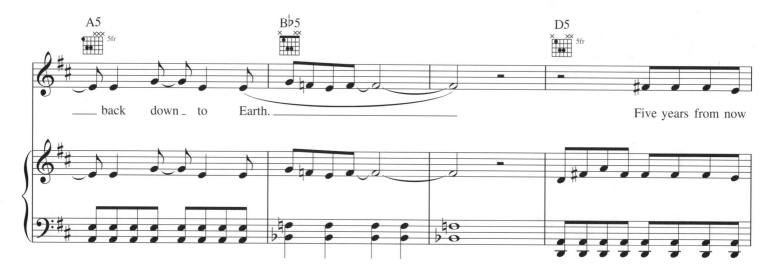

back down to Earth. Five years from now

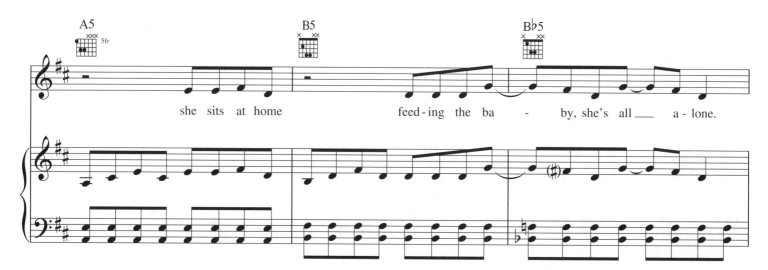

she sits at home feed-ing the ba - by, she's all a - lone.

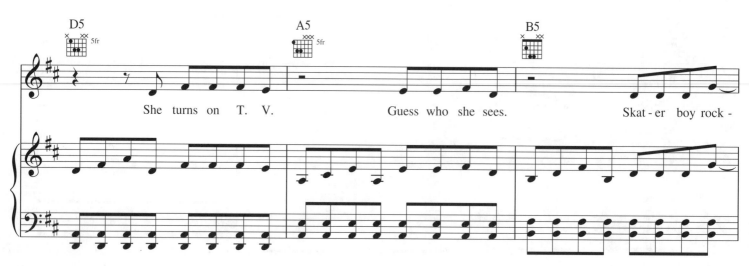

She turns on T. V. Guess who she sees. Skat-er boy rock-

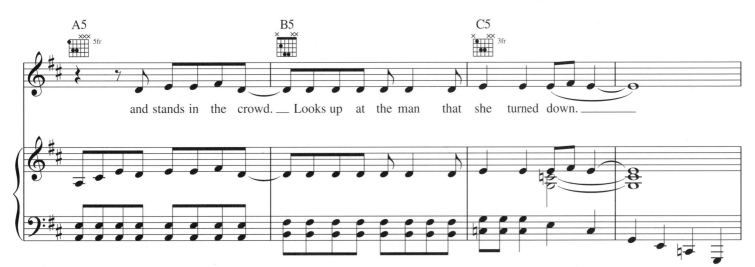

e - nough for her. Now he's a su - per star, slam - ming on his

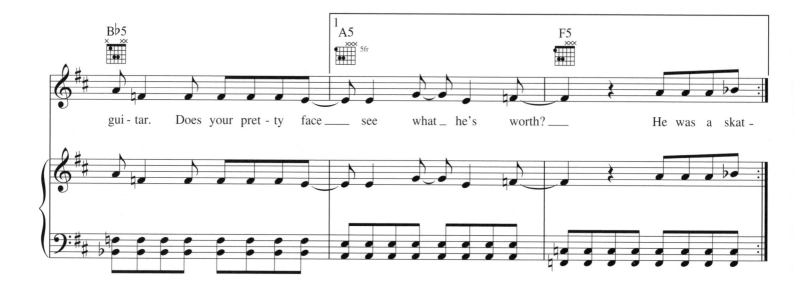

gui - tar. Does your pret - ty face see what he's worth? He was a skat -

see what he's worth?

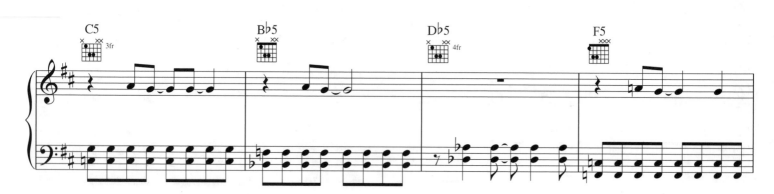

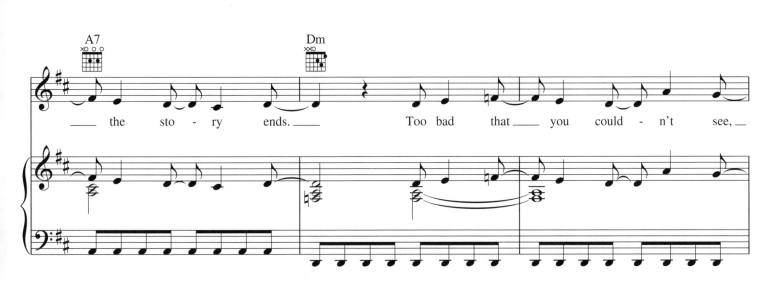

see the man ___ that boy ___ could ___ be. There is more ___ than meets ___ the

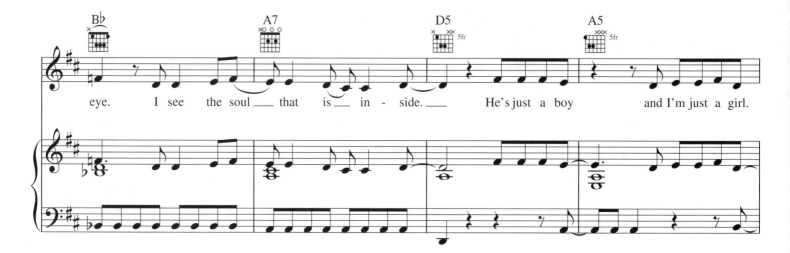

eye. I see the soul ___ that is ___ in - side. ___ He's just a boy and I'm just a girl.

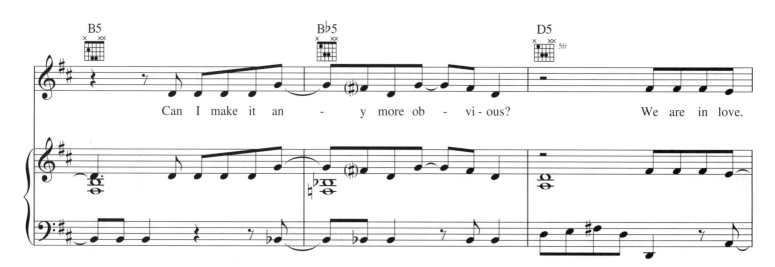

Can I make it an - y more ob - vi - ous? We are in love.

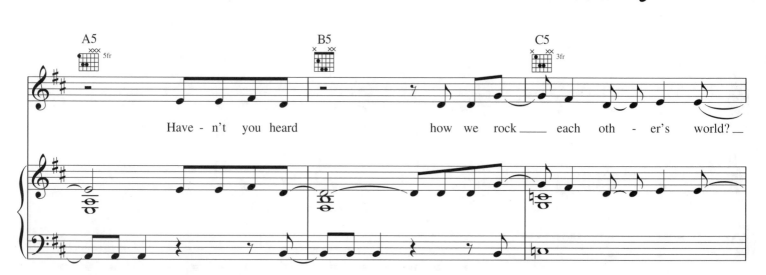

Have - n't you heard how we rock ___ each oth - er's world? ___

I'm with the skat - er boy. I said see you lat -

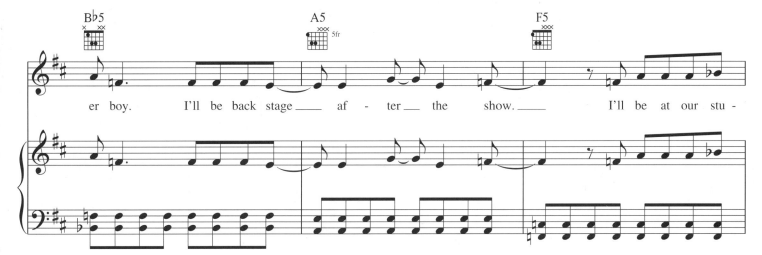

er boy. I'll be back stage ___ af - ter ___ the show. ___ I'll be at our stu -

di - o sing-ing the song we wrote a - bout a girl ___ you used ___ to know. ___

___ I'm with the skat - ___ you used ___ to know. ___

I'M WITH YOU

Words and Music by AVRIL LAVIGNE, LAUREN CHRISTY,
SCOTT SPOCK and GRAHAM EDWARDS

Moderate Waltz

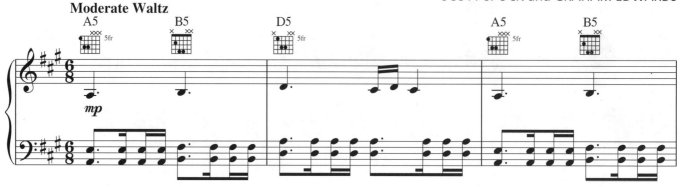

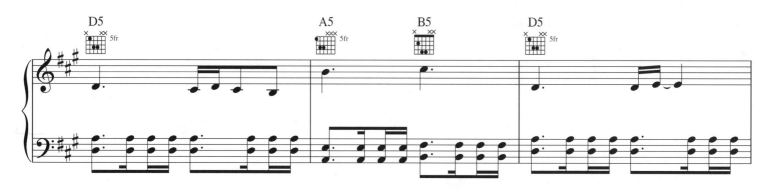

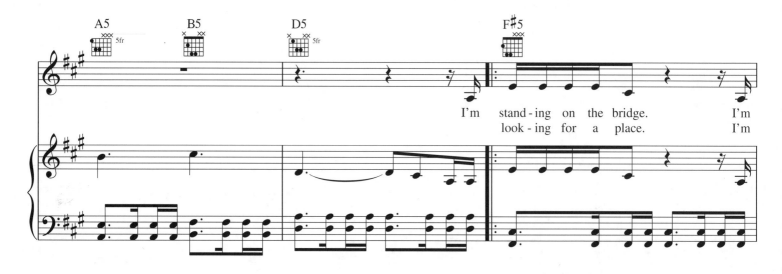

I'm stand-ing on the bridge. I'm
look-ing for a place. I'm

wait-ing in the dark. I thought that you'd be here ___ by now. There's
search-ing for a face. Is an-y-bod-y here ___ I know? 'Cause

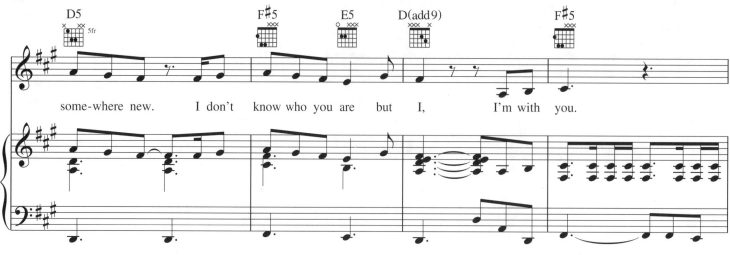

some-where new. I don't know who you are but I, I'm with you.

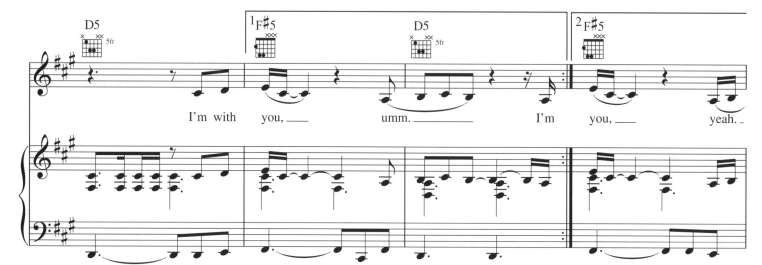

I'm with you, ___ umm. ___ I'm you, ___ yeah. ___

Oh, why is ev-'ry-thing so con - fus - ing?

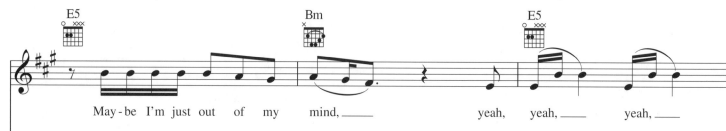

May-be I'm just out of my mind, ___ yeah, yeah, ___ yeah, ___

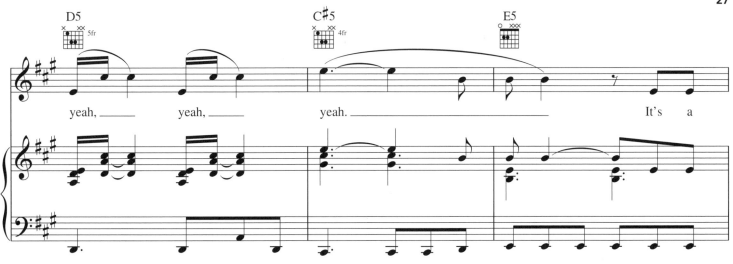

yeah, _____ yeah, _____ yeah. _____ It's a

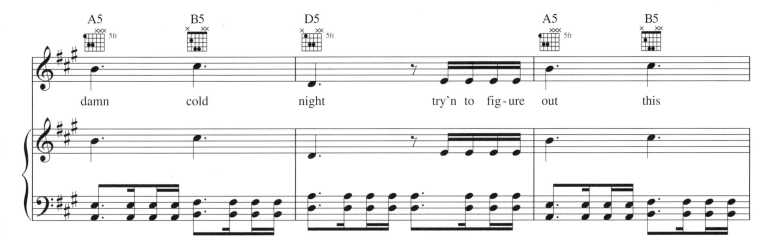

damn cold night try'n to fig-ure out this

life. Won't you take me by the hand, take me some-where new. I don't

know who you are but I, I'm with you. _____

MOBILE

Words and Music by AVRIL LAVIGNE
and CLIF MAGNESS

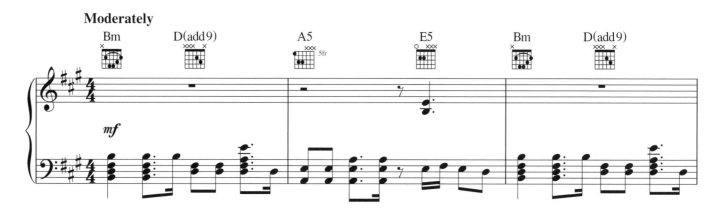

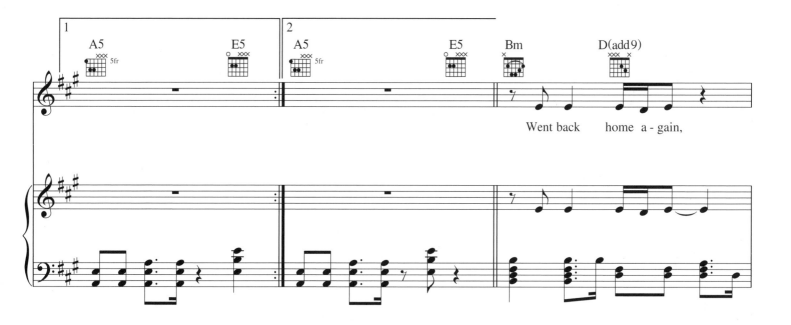

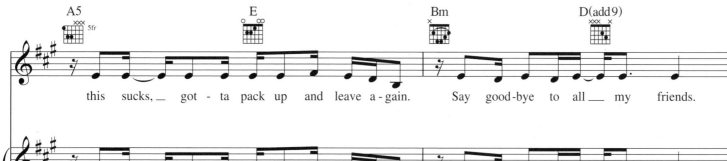

Can't say when I'll ___ be there ___ a - gain. It's time now to turn a - round. ___ Turn my

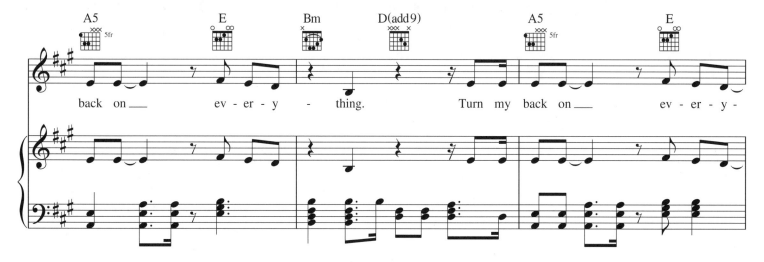

back on ___ ev - er - y - thing. Turn my back on ___ ev - er - y -

- thing. _____ Ev - 'ry - thing's chang - in' ___ when

I turn a - round, ___ all out of my con - trol. ___ I'm a mo - bile. ___ {Ev - 'ry - thing's
{Ev - 'ry - thing's

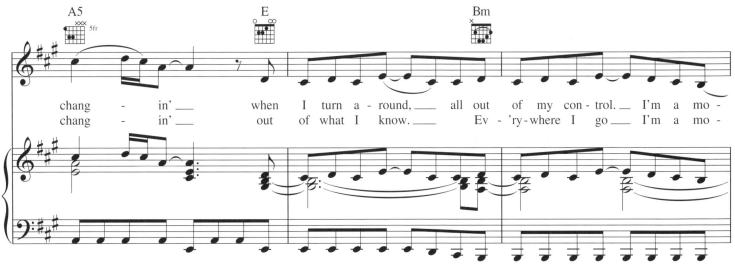

chang - in' ___ when I turn a - round, ___ all out of my con - trol. ___ I'm a mo -
chang - in' ___ out of what I know. ___ Ev - 'ry-where I go ___ I'm a mo -

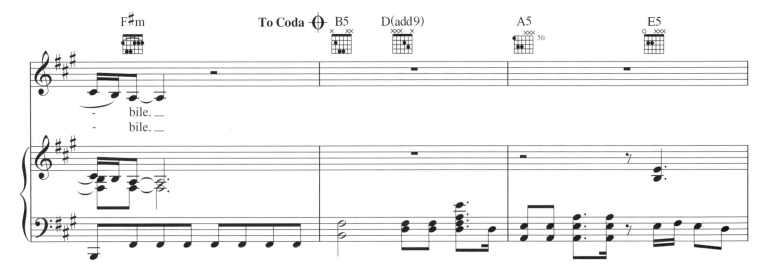

- bile. ___
- bile. ___

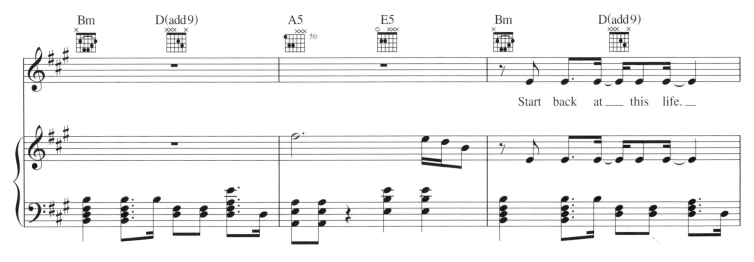

Start back at ___ this life. ___

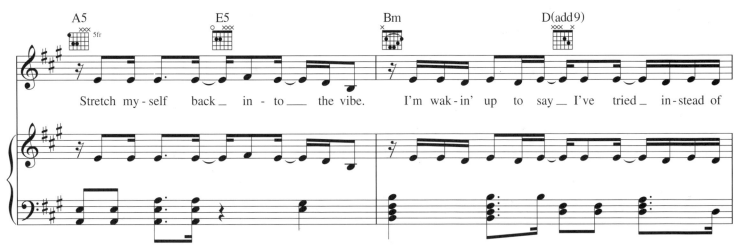

Stretch my-self back ___ in - to ___ the vibe. I'm wak-in' up to say ___ I've tried ___ in-stead of

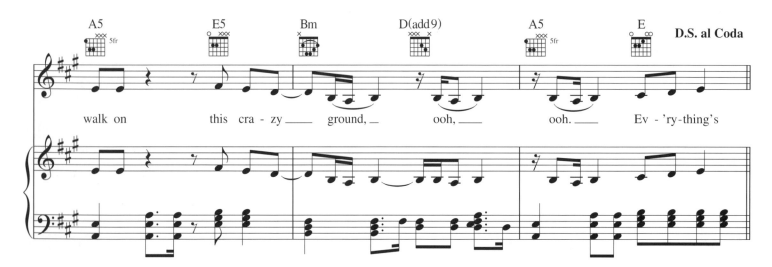

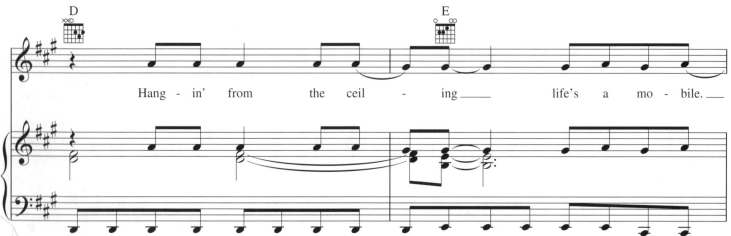

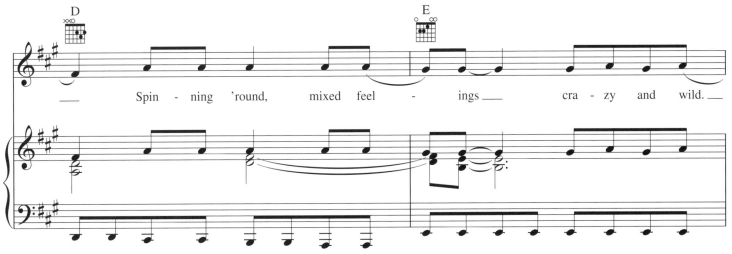

Spin - ning 'round, mixed feel - ings __ cra - zy and wild. __

__ Some - times __ I wan - na scream __ out loud. _____

Ev - 'ry-thing's

chang - in' ___ ev - 'ry-where I go, __ all out of my con - trol. __

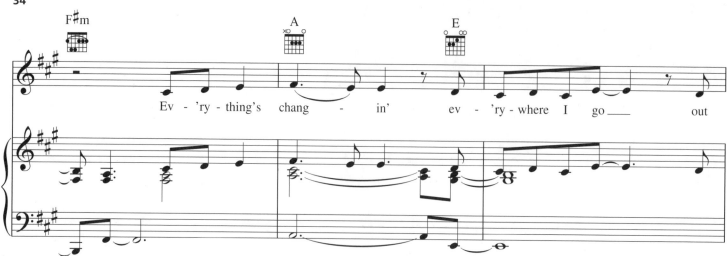

Ev - 'ry - thing's chang - in' ev - 'ry - where I go ___ out

of what I know, ___ yeah. ___ La, la, la, la, la, ___

___ la, la, la. ___ La, la, la, la, la, ___ la, la, la. ___

La, la, la, la, la, ___ la, la, la. ___ La, la, la, la, la, ___

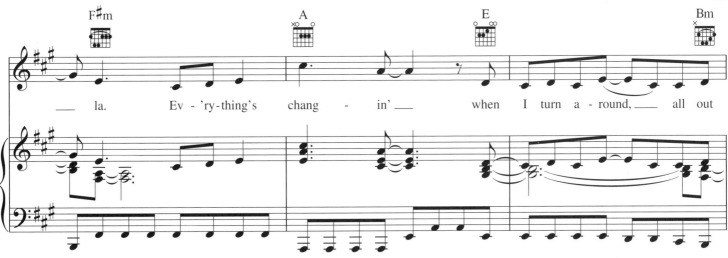

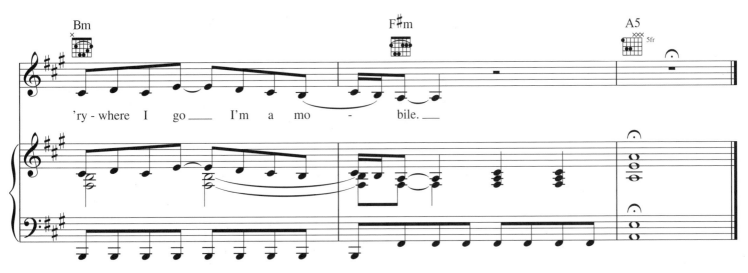

UNWANTED

Words and Music by AVRIL LAVIGNE
and CLIF MAGNESS

Moderate Rock

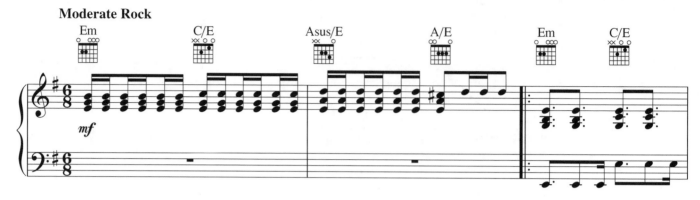

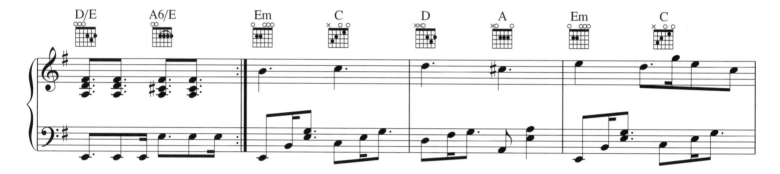

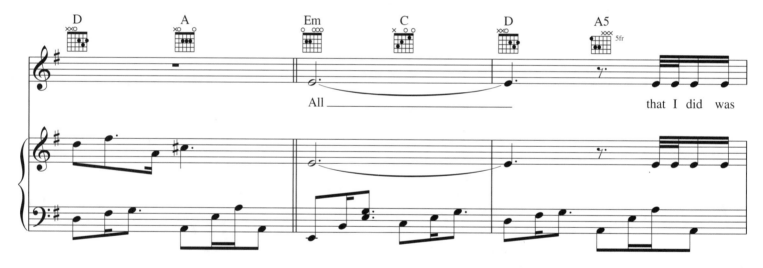

All ____ that I did was

walk o - ver, start off ___ by shak - in' your hands. ___ That's how it went.

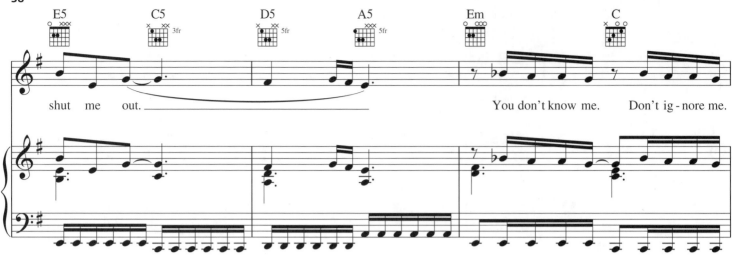

shut me out. _____ You don't know me. Don't ig-nore me.

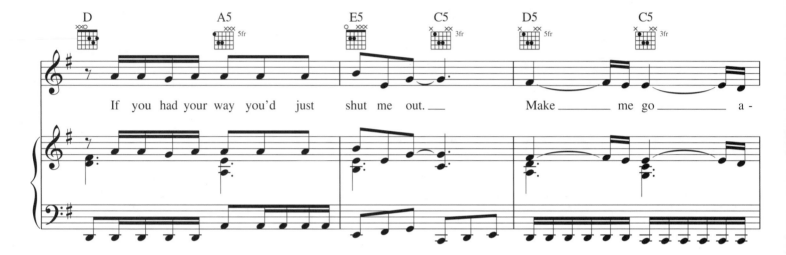

If you had your way you'd just shut me out. ___ Make ___ me go ___ a-

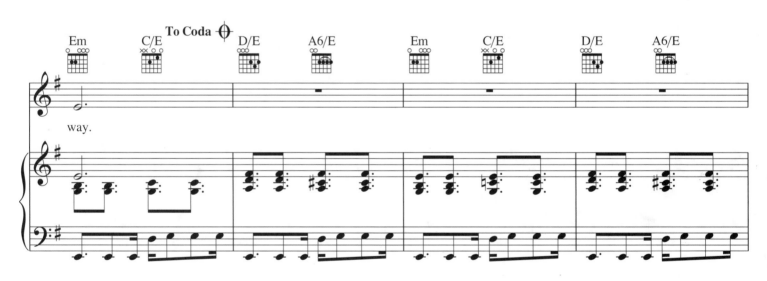

way.

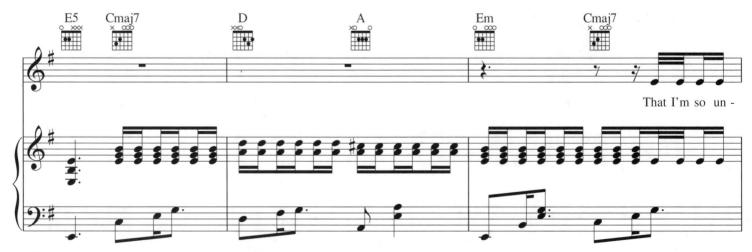

That I'm so un-

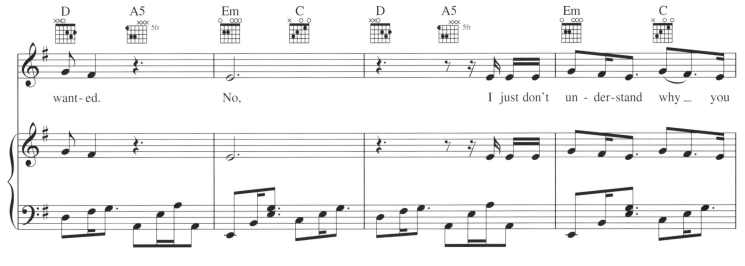

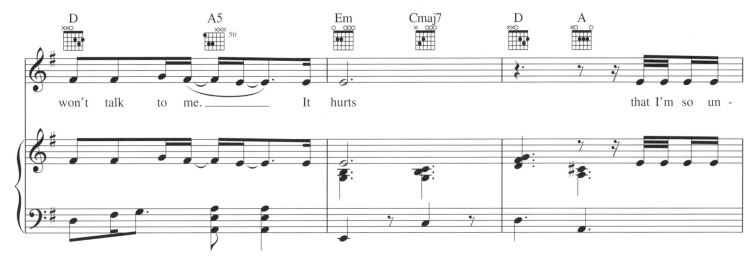

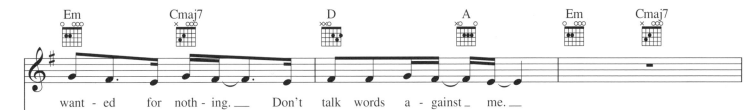

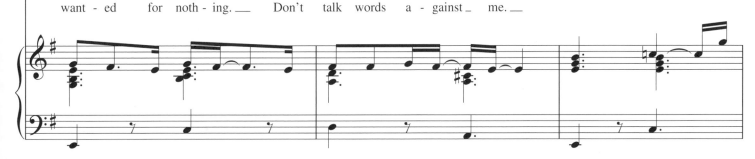

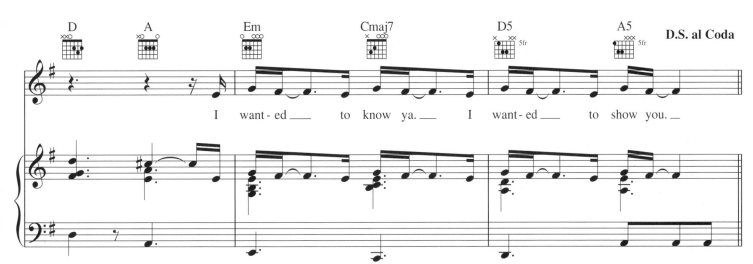

CODA

Make ____ me go ____ a - way.

I tried to be - long. It did-n't seem wrong. My head aches. ____

It's been so long. I'll write this song if that's what it

takes. ____

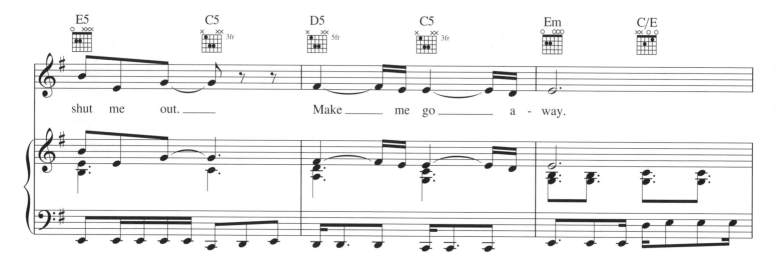

You don't know me. Don't ig-nore me. If you had your way you'd just

shut me out. _____ Make _____ me go _____ a - way.

Make _____ me go _____ a - way _____

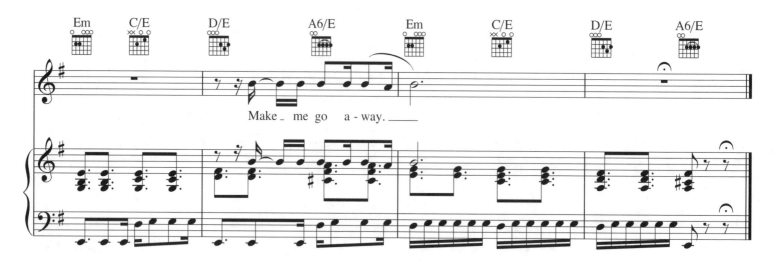

Make _ me go a - way. _____

TOMORROW

Words and Music by AVRIL LAVIGNE,
CURT FRASCA and SABELLE BREER

Slowly, with a groove

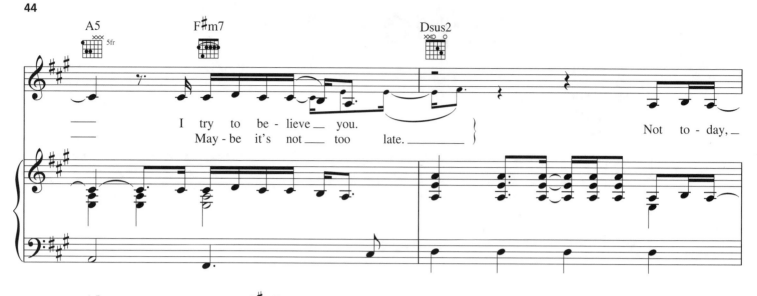

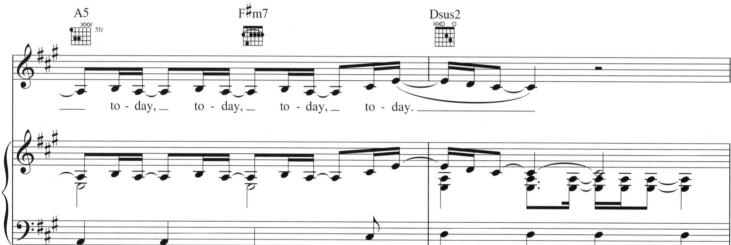

I try to be-lieve___ you.
May-be it's not___ too late.___

Not to-day,___

to-day,___ to-day,___ to-day,___ to-day.___

I, I

don't know how I'll___ feel_____ to-

mor - row,___ to-mor - row, to - mor - row,___ to-mor - row.

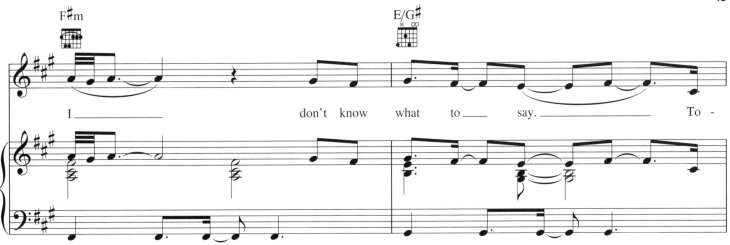

I _____ don't know what to _____ say. _____ To-

mor - row, ____ to-mor - row, to-mor - row is a dif-f'rent day.

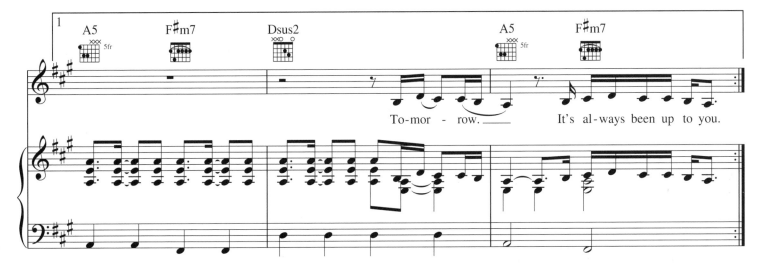

To-mor - row. ____ It's al-ways been up to you.

Hey yeah, _____ yeah. _ Hey yeah, _____ yeah. ___ And I know I'm not read - y.

Hey yeah, _____ yeah. _ Hey yeah, _____ yeah. _____ May - be to - mor - row.

Hey yeah, _____ yeah. _ Hey yeah, _____ yeah, _____ yeah, yeah. I'm not rea - dy. _____

_____ Hey yeah, _____ yeah. _ Hey yeah, _____ yeah. _____ May - be to - mor - row.

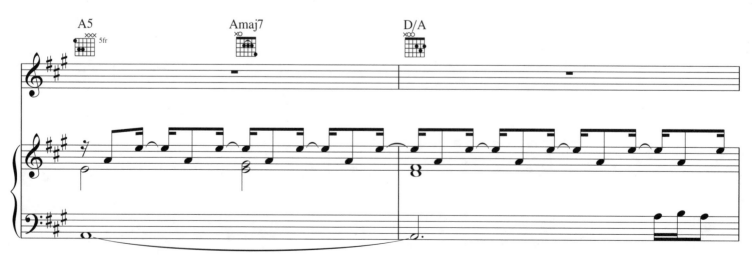

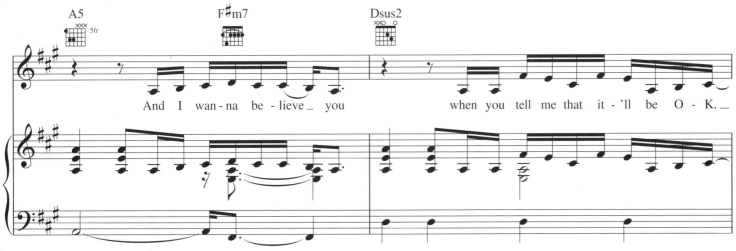

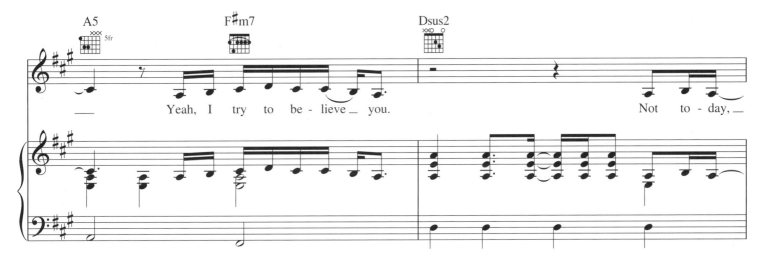

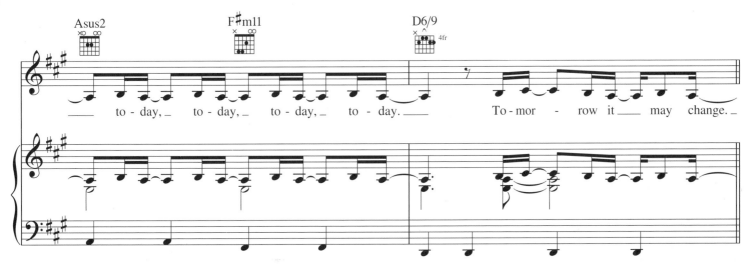

ANYTHING BUT ORDINARY

Words and Music by AVRIL LAVIGNE, LAUREN CHRISTY,
SCOTT SPOCK and GRAHAM EDWARDS

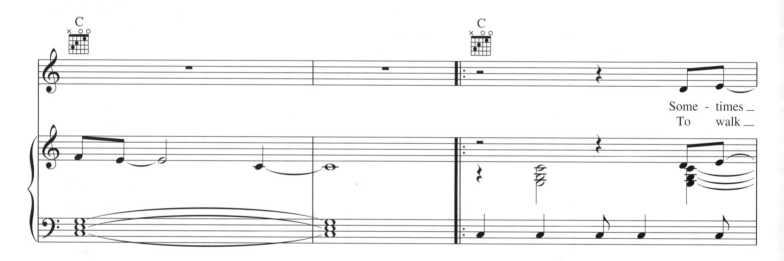

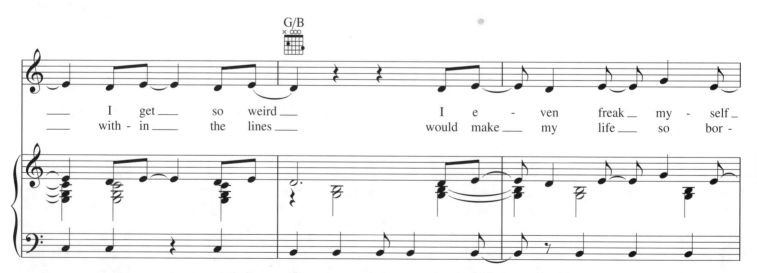

Some - times __ I get __ so weird __ I e - ven freak __ my - self __
To walk __ with - in __ the lines __ would make __ my life __ so bor -

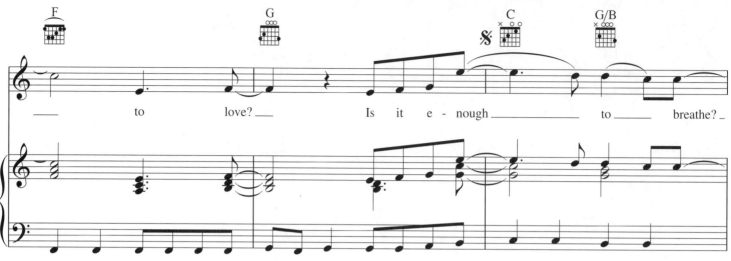

to love? ___ Is it e-nough ___ to ___ breathe? _

___ Some-bod-y rip my heart ___ out ___ and leave

___ me here ___ to bleed. ___ Is it e-nough ___ to die? _

___ Some-bod-y save ___ my ___ life. ___ I'd rath-er be

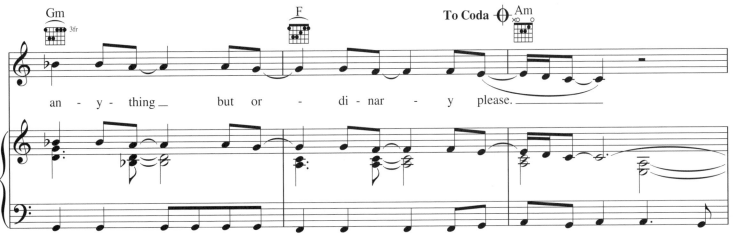

an - y - thing _ but or - di - nar - y please. _

I'd rath-er be an - y -thing _ but or -

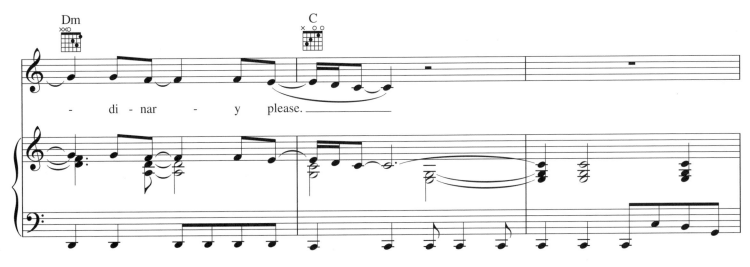

- di - nar - y please. _

Let down your de-fens - es. Use no com-mon sense. _ If you look you will see

that this world __ is a beau - ti - ful ac - ci - dent, tur - bu - lent, suc - cu - lent, op-

- u - lent, per - ma - nent. No __ way. I wan - na taste it. __ Don't wan - na waste __

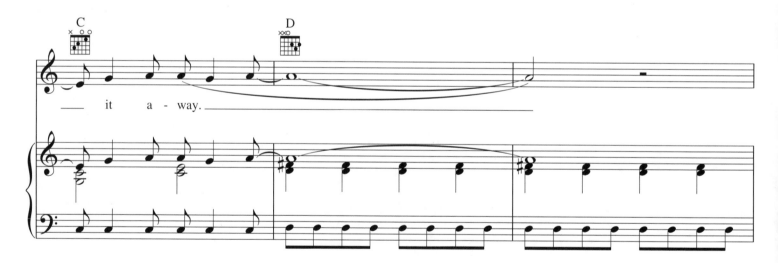

__ it a - way. __

Some - times __ I get __ so weird __ I e-

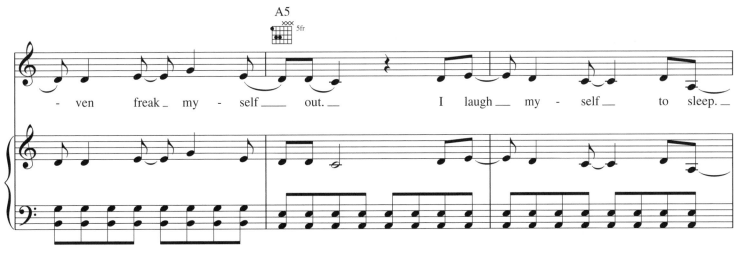

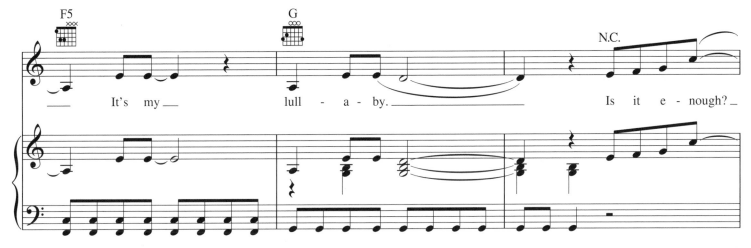

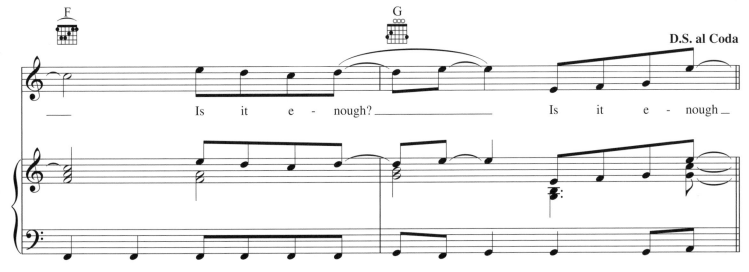

Some-bod - y   save ____ my ____ life. ____   I'd rath - er be

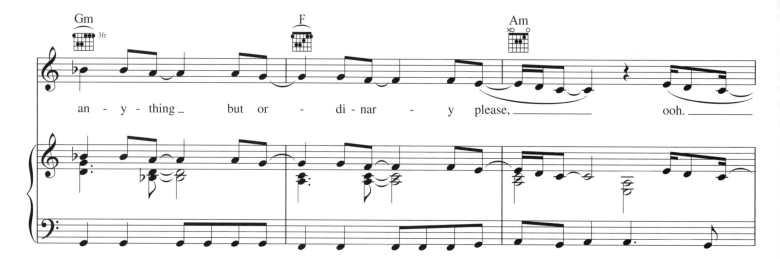

an - y - thing __ but or - di - nar - y please, _____ ooh. _____

____ I'd rath - er be   an - y - thing __ but or - di - nar - y please. __

THINGS I'LL NEVER SAY

Words and Music by AVRIL LAVIGNE, LAUREN CHRISTY,
SCOTT SPOCK and GRAHAM EDWARDS

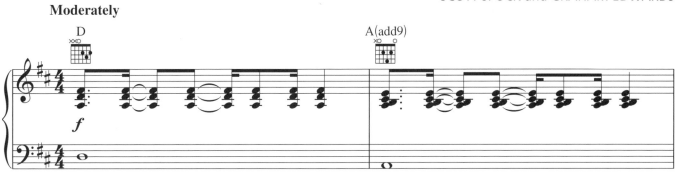

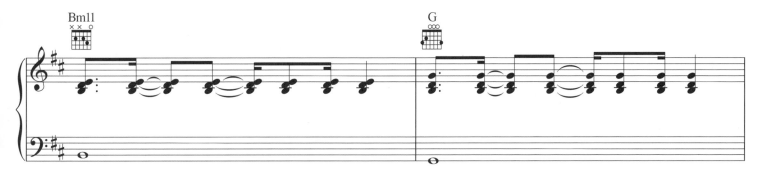

Da, da, da,___ da, da, da, da, da, da. Da, da, da,___ da, da, da, da, da, da, da, da, da,___

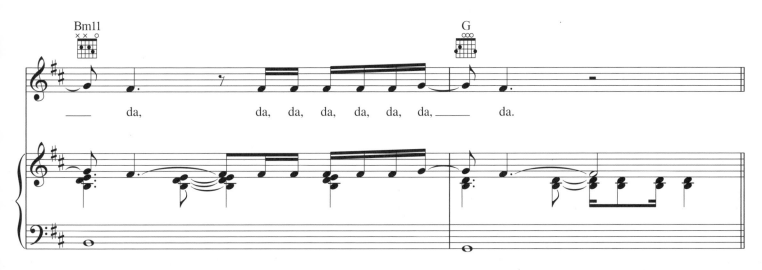

___ da, da, da, da, da, da, da,_____ da.

I'm tug - gin' at ___ my hair. I'm pull - in' at ___ my clothes. ___
It don't do me an - y good. It's just a waste ___ of time. ___

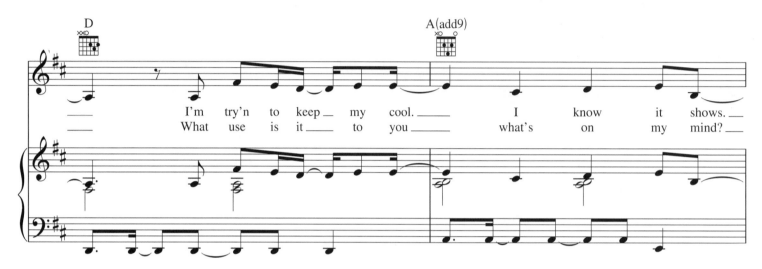

___ I'm try'n to keep ___ my cool. ___ I know it shows. ___
___ What use is it ___ to you ___ what's on my mind? ___

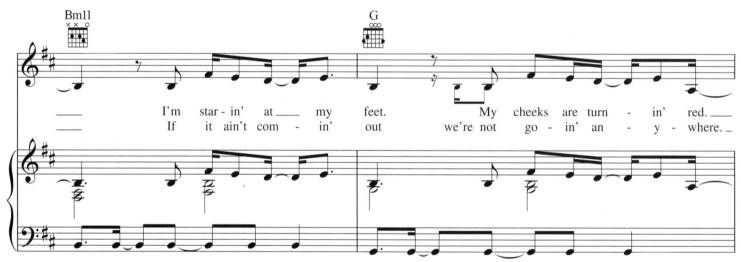

___ I'm star - in' at ___ my feet. My cheeks are turn - in' red. ___
___ If it ain't com - in' out we're not go - in' an - y - where. ___

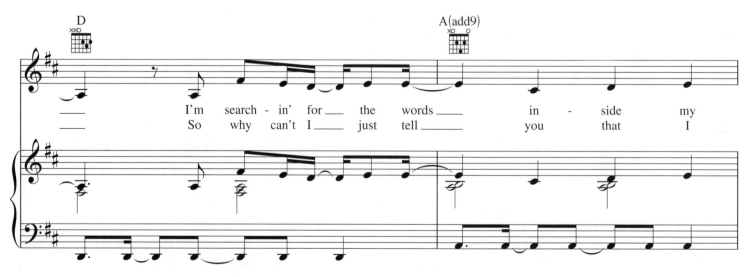

___ I'm search - in' for ___ the words ___ in - side my
___ So why can't I ___ just tell ___ you that I

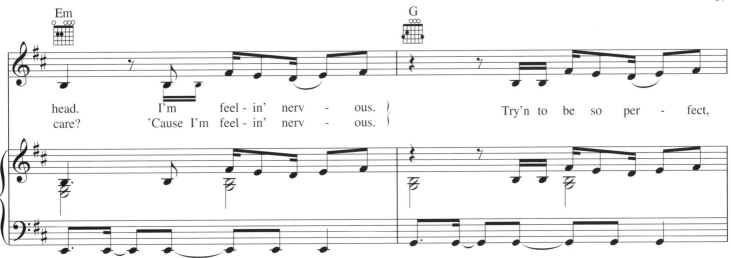

head. I'm feel-in' nerv - ous.
care? 'Cause I'm feel-in' nerv - ous. Try'n to be so per - fect,

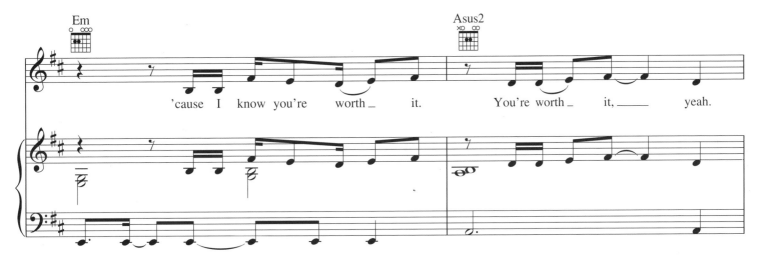

'cause I know you're worth _ it. You're worth _ it, _____ yeah.

If I could say what I wan - na say, _____ I'd say I wan - na blow you

a - way. Be with you ev - 'ry night. _ Am I squeez - in' you _ too tight? _

If I could say what I wan-na see, ___ I wan-na see you go down

on one knee. Mar-ry me ___ to-day. ___ Guess I'm wish-in' my life a-way ___

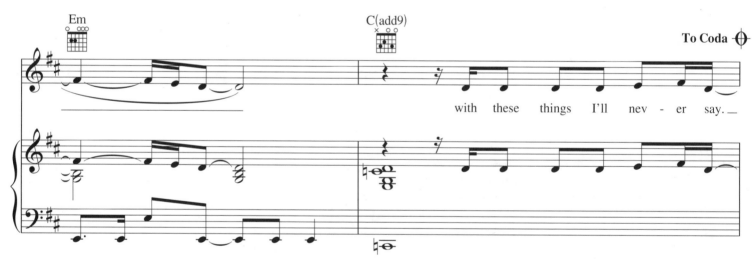

with these things I'll nev - er say. ___

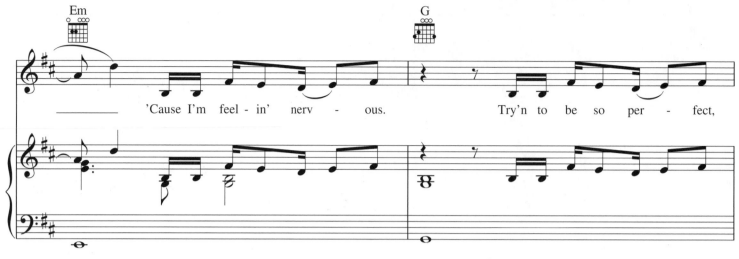

'Cause I'm feel - in' nerv - ous. Try'n to be so per - fect,

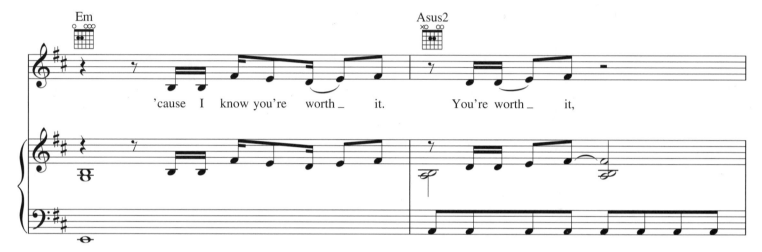

'cause I know you're worth _ it. You're worth _ it,

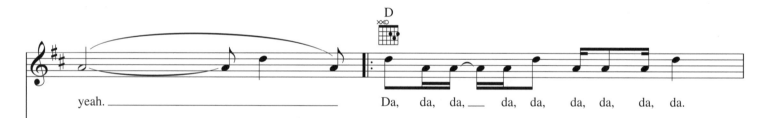

yeah. _____ Da, da, da, __ da, da, da, da, da, da.

Da, da, da, __ da, da, da, da, da, da, da, da, da, _____ da,   da, da, da, da, da, da, da, _

da.

da. Guess I'm wish-in' my life a-way

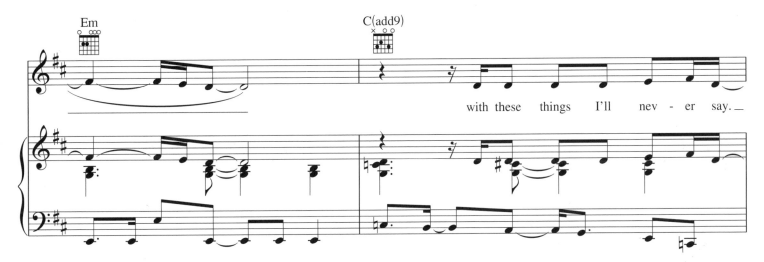

with these things I'll nev-er say.

D.S. al Coda

If I could say what I wan-na say

CODA

These things I'll nev-er say.

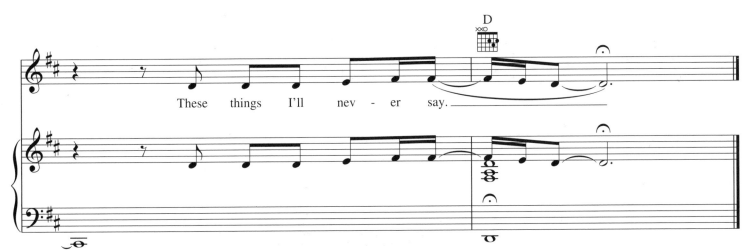

MY WORLD

Words and Music by AVRIL LAVIGNE
and CLIF MAGNESS

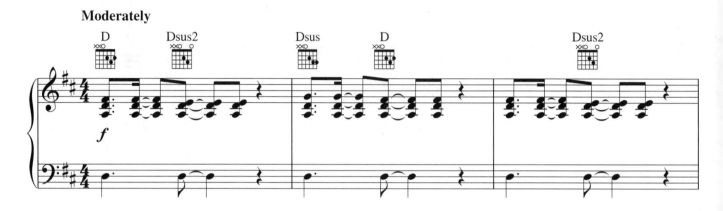

Please tell me what is tak - ing place, __ 'cause I __

__ can't seem to find __ a trace. __ Guess __ it must have got __ e - rased __ some - how. __

Original key: D♭ major. This edition has been transposed up one half-step to be more playable.

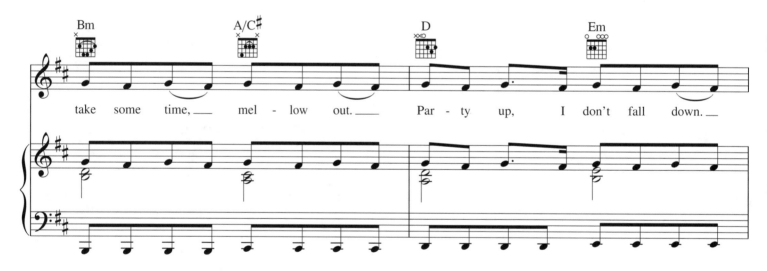

take some time,__ mel - low out.__ Par - ty up, I don't fall down.__

Don't get caught, sneak out of the house.__ Can't

NOBODY'S FOOL

Words and Music by AVRIL LAVIGNE
and PETER ZIZZO

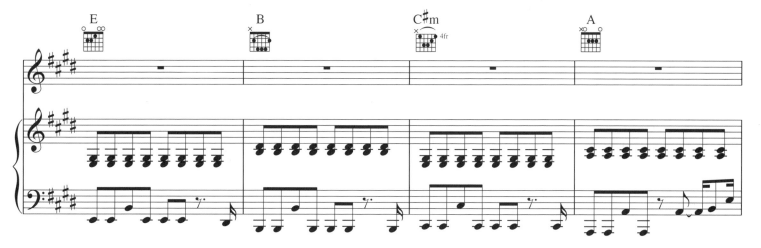

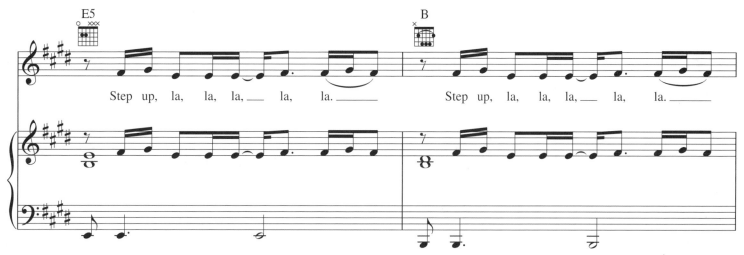

Step up, la, la, la,___ la, la._____ Step up, la, la, la,___ la, la._____

Step up, la, la, la,___ la, la,_____ yeah, yeah,___ yeah._____

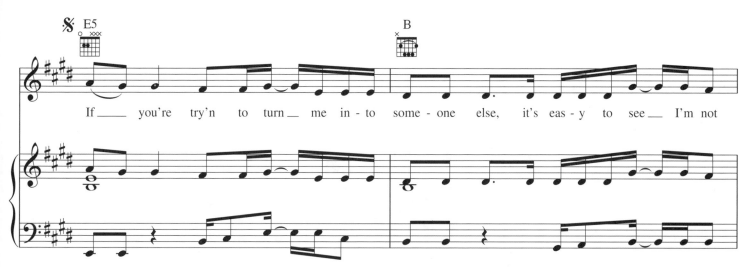

If ___ you're try'n to turn___ me in-to some-one else, it's eas-y to see___ I'm not

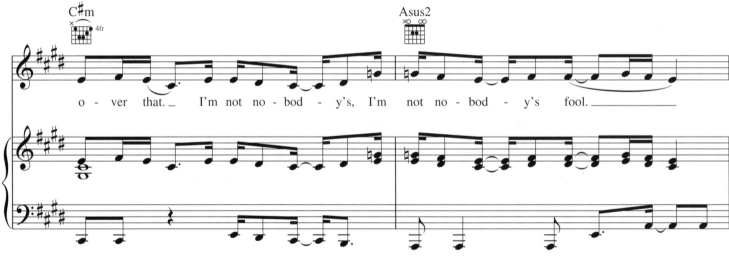

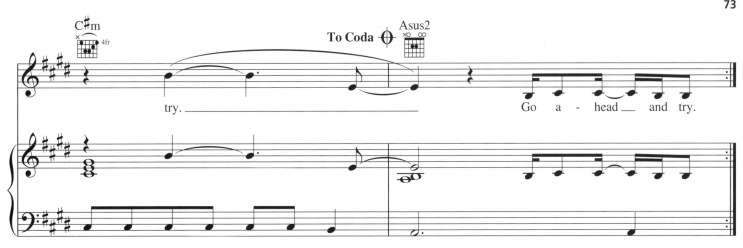

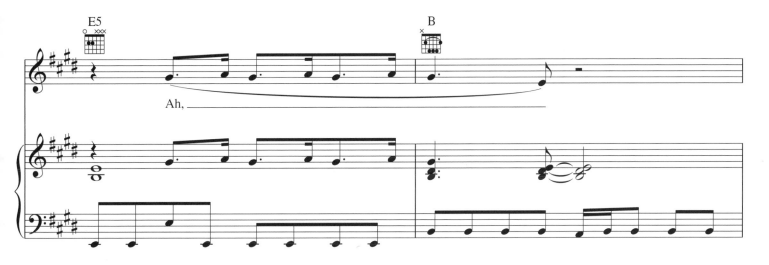

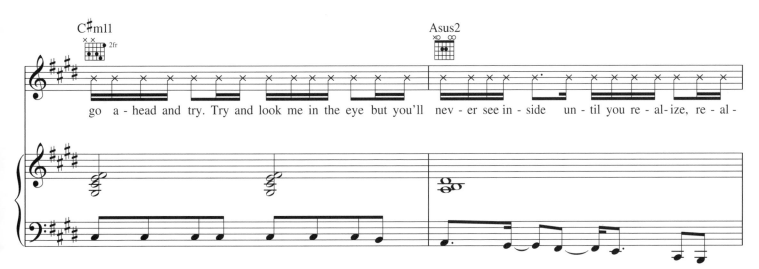

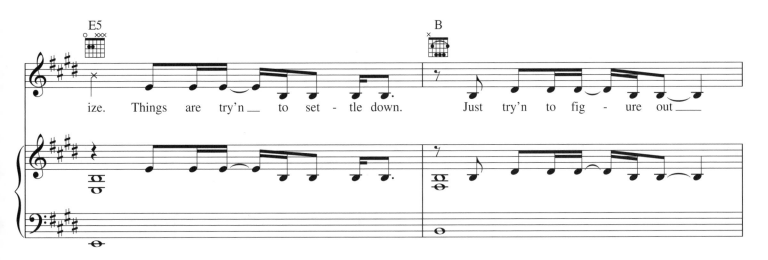

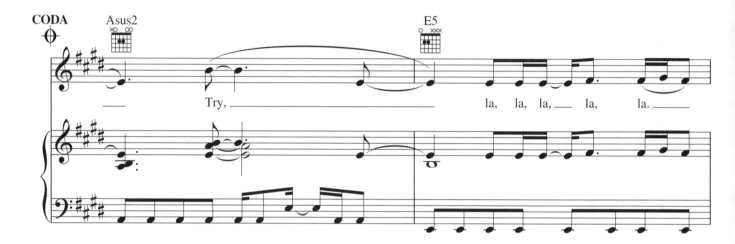

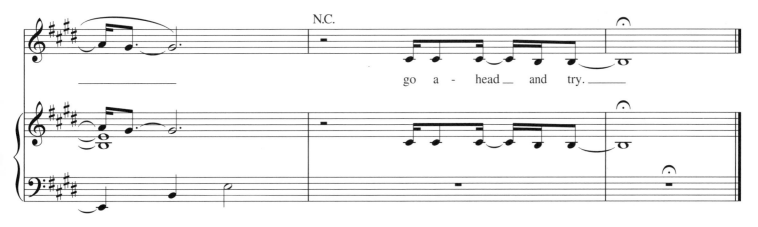

Additional Lyrics

Rap 1: Fall back.
    Take a look at me and you'll see I'm for real.
    I feel what only I can feel and if that don't appeal to ya,
    Let me know and I'll go, cause I
    Flow better when my colors show.
    And that's the way it has to be, honestly.
    'Cause creativity could never bloom in my room.
    I'd throw it all away before I'd lie.
    So don't call me with a compromise.
    Hang up the phone.
    I got a backbone stronger than yours.

Rap 2: Don't know.
    You think you know me like yourself.
    But I fear that you're only telling me what I wanna hear.
    But do you give a damn?
    Understand that I can't not be what I am.
    I'm not the milk and Cheerios in your spoon.
    It's not a simple here we go not so soon.
    I might have fallen for that
    When I was fourteen and a little more green.
    But it's amazing what a couple of years can mean.

TOO MUCH TO ASK

Words and Music by AVRIL LAVIGNE
and CLIF MAGNESS

Moderate Waltz

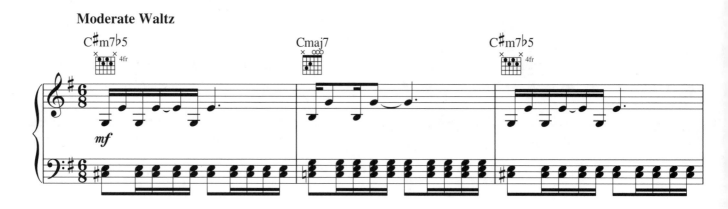

It's the first time I ev-er felt ___ this lone - ly. I

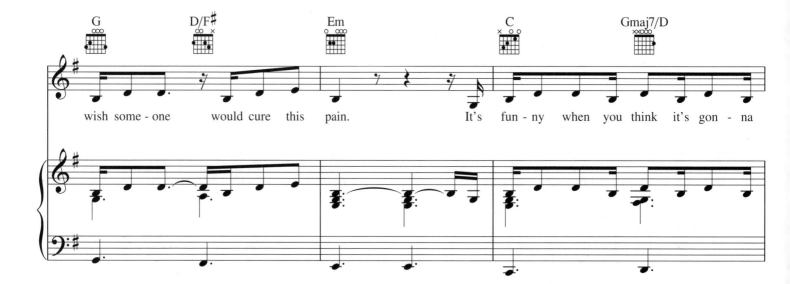

wish some-one would cure this pain. It's fun-ny when you think it's gon - na

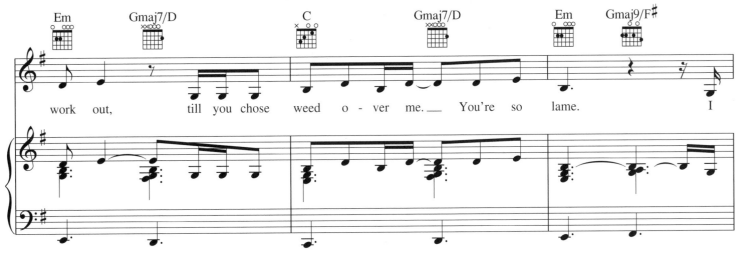

work out, till you chose weed o-ver me.___ You're so lame. I

thought you were cool___ un-til the point,___ up___ until the point___ you did-n't

call me when you said you would.___ Fi-n'ly fig-ured out you're all the same. Al-ways

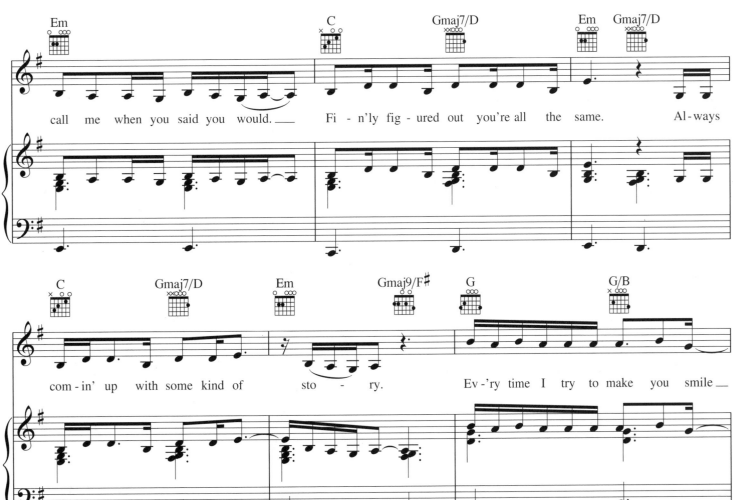

com-in' up with some kind of sto-ry. Ev-'ry time I try to make you smile___

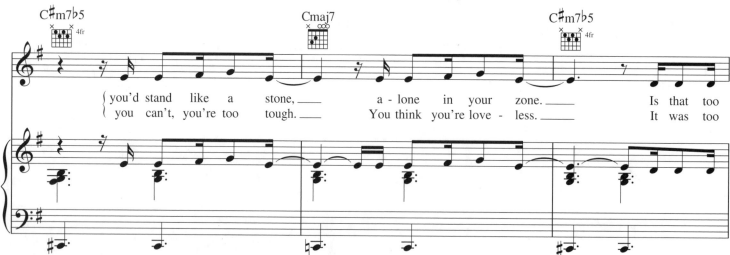

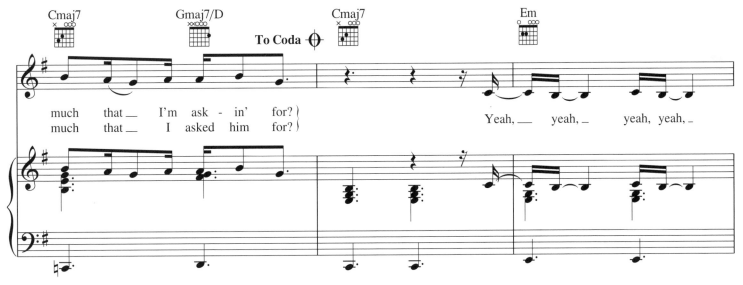

much that __ I'm ask - in' for?
much that __ I asked him for?

Yeah, __ yeah, __ yeah, yeah, __

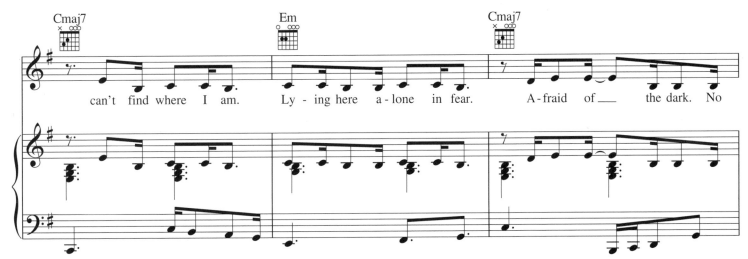

can't find where I am. Ly - ing here a - lone in fear. A-fraid of __ the dark. No

one to claim. A - lone a - gain.

Yeah, yeah, yeah, yeah, _____ can't __

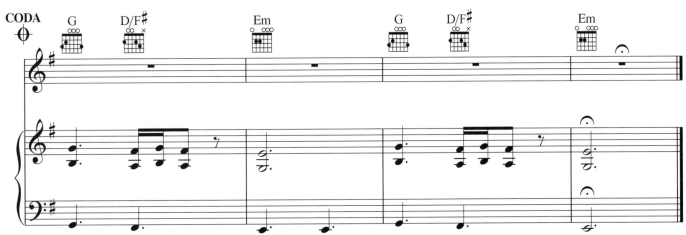

NAKED

Words and Music by AVRIL LAVIGNE,
CURT FRASCA and SABELLE BREER

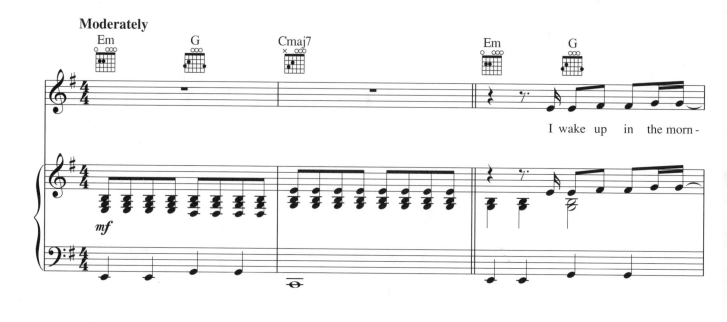

made me trust.___ 'Cause I've nev - er felt___ like this___
in my skin.___ I've nev - er

___ be - fore.___ I'm na - ked a - round___ you.

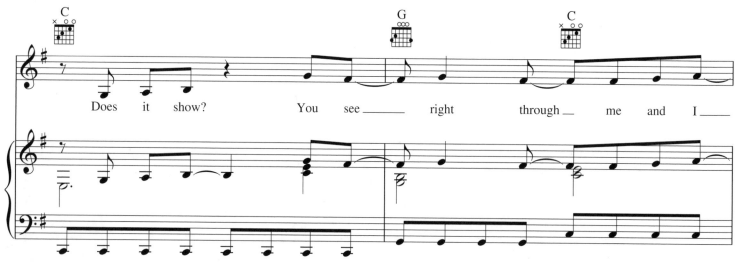

Does it show? You see___ right through___ me and I___

___ can't___ hide.___ I'm na - ked a - round___ you

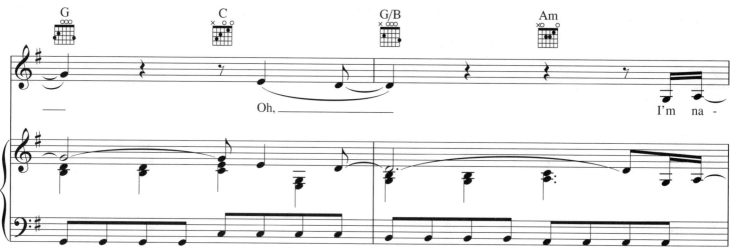

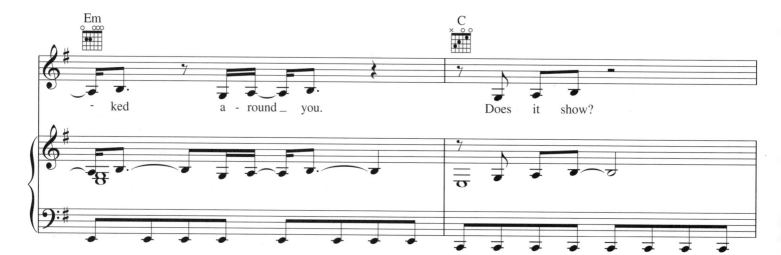

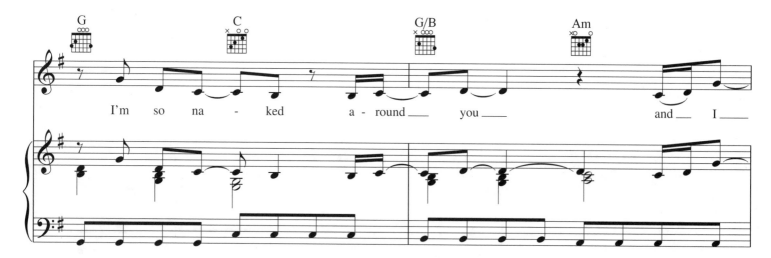